Johann Caspar Bluntschli

Die nationale Staatenbildung und der moderne deutsche Staat

Johann Caspar Bluntschli

Die nationale Staatenbildung und der moderne deutsche Staat

ISBN/EAN: 9783743438651

Hergestellt in Europa, USA, Kanada, Australien, Japan

Cover: Foto ©Suzi / pixelio.de

Johann Caspar Bluntschli

Die nationale Staatenbildung und der moderne deutsche Staat

Die nationale Staatenbildung

und

der moderne deutsche Staat.

Ein öffentlicher Vortrag

von

J. C. Bluntschli.

Berlin, 1870.

C. G. Lüderitz'sche Verlagsbuchhandlung.

A. Charisius.

1. Erwachen des Nationalitätsprincips.

In allen Zeiten der Weltgeschichte hat die Nationalität eine mächtige Wirkung auf die Staaten und die Politik geübt. Das Gefühl der nationalen Verwandtschaft und Eigenart hat die Hellenen in ihren Kämpfen wider die Perser begeistert; für ihre nationale Freiheit haben die alten Germanen wider die Römer gestritten. Nach nationalen Gegensätzen ist das römische Weltreich in das lateinische und das griechische Kaiserthum gespalten worden. An dem Zwiespalt in der fränkischen Monarchie und der Scheidung von Frankreich und Deutschland hat der Unterschied der romanischen und der germanischen Sprache auch einen erheblichen Antheil gehabt. Während des Mittelalters tritt zuweilen der Gegensatz der Nationen scharf hervor. Aber zum ersten Mal in der Geschichte ist doch erst in unserm Zeitalter das Princip der Nationalität als Staatsprincip verkündet worden.

Während des Mittelalters war der Grundcharakter der Staatenbildung dynastisch, oder ständisch, aber nicht national. In den letzten Jahrhunderten wuchsen die großen europäischen Nationen heran, aber der Staat bekam doch nicht eine nationale Begründung noch einen nationalen Ausdruck. Vielmehr wurde damals der obrigkeitliche Staat ausgebildet. Er stellte sich vornehmlich als Herrschaft der Könige und ihrer Beamten bar. Wie die katholische Kirche heute noch fast nur in dem Klerus und der Hierarchie die Offenbarung ihres Wesens erkennt und die ganze Laienschaft nur als eine passive ihrem Hirtenamt anvertraute Heerde in Betracht kommt, so erklärten die absoluten Fürsten sich selber für den Staat, und den Unterthanen war jede andere Theilnahme an demselben, außer der Pflicht Steuern zu zahlen, Kriegsdienste zu leisten und den Beamten zu gehorchen, versagt. Was Ludwig XIV. in dem berühmten Worte L'état c'est moi ausgesprochen, das dachten auch die andern Könige und Fürsten von damals und sogar die städtischen Obrigkeiten der sogenannten Freistaaten dachten nicht anders. Nur die Stände hatten noch einige Privilegien bewahrt. Die Nation war wohl ein Gegenstand der Staatssorge, das Volk galt nicht als Staatsperson. Der Staat war die Obrigkeit.

Auch die Staatslehre der Philosophen, die sogenannte naturrechtliche Schule gründete ihre Anforderungen an den idealen Staat nicht auf die nationalen Individualitäten sondern auf die menschliche Natur. Rousseau sah in der Gesellschaft, nicht in der Nation die Grundlage des Staats. Die Volkssouveränetät, die er verkündet, hat keinen nationalen Charakter. Das Volk, dem er die oberste Staatsgewalt zuschreibt, ist „die Gesammtheit", beziehungsweise „die Mehrheit der Bürger", die sich zum Staate vereinigt haben, gleichviel, ob dieselben nur einen Bruchtheil der Nation bilden, oder aus verschiedenen Nationalitäten zusammengefügt sind. Von denselben Grundsätzen gingen die französischen Verfassungen von 1791 bis 1793 (25—28) und 1795 (17) aus. Die Ausdrücke peuple und nation werden noch abwechselnd gebraucht, aber immer zur Bezeichnung der „Gesammtheit der Bürger" (universalité des citoyens). Die staatliche Herrschaft erhielt nur einen andern Sitz, sie wurde von dem

Centrum auf die Peripherie, von dem Könige auf den Demos übergetragen.

Als Napoleon I. es unternahm, das Reich Karls des Großen zu erneuern und gestützt auf die französische Nation eine Universalmonarchie über Europa aufzurichten, traf er allerdings auf den Widerstand der übrigen Nationen, welche die französische Herrschaft mit Widerwillen und Haß betrachteten. Trotz seines Genies ist der Kaiser, der kein Verständniß für die Eigenart der Nationen hatte, schließlich diesem nationalen Widerstande erlegen. Dennoch war auch damals noch das nationale Bewußtsein nur wenig entwickelt. Die nationalen Gefühle wirkten wohl unbewußt in den Massen und begeisterten dieselben zum Kampfe, aber der Nationalgeist war noch nicht erwacht. Sogar die ausdauernde und hartnäckige Feindschaft der Engländer hatte nicht darin ihren Grund, daß sie die Freiheit der Nationen vor dem französischen Drucke retten wollten, sondern weit mehr in dem Haß der englischen Aristokratie wider die französische Revolution, in der Besorgniß vor der Uebermacht Frankreichs in Europa, in den Handelsinteressen. Das englische Staatsbewußtsein ist freilich gehoben durch den männlichen Stolz der englischen Nationalität. Aber trotzdem sind die Engländer mißtrauisch gegen das Nationalitätsprincip als Staatsprincip. Sie wissen, daß ihr europäisches Inselreich verschiedene Nationen zusammenhält, und daß insbesondere das erregte Nationalgefühl der Iren schon mehr als einmal an diesem Staatsverbande gerüttelt hat. Ihre Weltherrschaft in Ostindien und in andern überseeischen Ländern wird nicht minder durch eine scharfe Betonung jenes Princips in Frage gestellt. Auch die Spanier haßten die Franzosen als Fremde und fühlten sich lebhaft als Spanische Nation. Dennoch glaubten auch sie zunächst für ihren König und ihre heilige Religion wider die teuflischen Revolutionäre die Waffen zu führen.

Den Deutschen war das politische Nationalgefühl schon seit Jahrhunderten durch die confessionelle Zwietracht und durch die Zerbröckelung des Reiches in selbständige Territorien abhanden gekommen und nur eine Anzahl Gebildeter hörte auf die begeisternden Reden Arndts, der das Nationalbewußtsein der Deutschen wieder zu wecken versuchte. Die Russen gingen für ihren Kaiser und sein heiliges orthodoxes Reich wider den gottlosen Westen ins Feld und in den Tod. An ihre nationale Berechtigung dachten sie nicht.

Selbst der unklare Ansatz der französischen Revolution, den Nationen das Recht der Selbstbestimmung zu gewähren, wurde in der Restaurationsperiode wieder gewaltsam zertreten. Der Wiener Congreß kümmerte sich Nichts um die Nationen. Er vertheilte ohne Scheu die Stücke großer Nationen unter die restaurirten Dynastien. Wie früher Polen getheilt worden war, so wurden auch Italien und Deutschland in eine Anzahl souveräner Staaten zerrissen, Belgien und Holland aber, trotz des nationalen Gegensatzes, zusammen geschmiedet zu Einem Königreich.

Weder das Revolutions= noch das Restaurations=Zeitalter hat das Princip der Nationalität als Staatsprincip anerkannt. Um so entschiedener dagegen wird die Staatengeschichte der Gegenwart von dem Nationalbewußtsein aus bedingt und bestimmt. Die Wissenschaft, und ganz vorzüglich die deutsche Wissenschaft hatte vorher schon auf die nationale Idee hingewiesen und auch ihre politischen Wirkungen gelegentlich beleuchtet. Die Staatspraxis aber hat erst seit ein paar Jahrzehnten sich auf das natürliche Recht der Nationen berufen, sich staatlich zu gestalten. Stärker als je zuvor regen sich die nationalen Triebe auch in den Massen und verlangen auch politische Befriedigung. Das ganze aus dem Mittelalter überlieferte dynastische Staatensystem

Europas wird von den nationalen Verlangen und Leidenschaften
bedroht. Alte Reiche werden durch dieselben in ihrem Bestande
erschüttert, weil die verschiedenen in denselben politisch geeinigten
Nationen nach Selbständigkeit streben. Neue Reiche werden ge=
bildet, Kraft des nationalen Gedankens, der die zerstreuten Glied=
maßen Einer Nation sammelt und zu einem Staatskörper orga=
nisirt. Noch ist dieser nationale Drang nicht zur Ruhe gelangt.
Ueber sein Recht und über die Ausdehnung dieses Rechts mag
man streiten, seine Macht aber ist unzweifelhaft. Mit gutem
Grund kann daher unser Zeitalter das Zeitalter der nationalen
Staatenbildung genannt werden.[1]

2. Was heißt Nation?

Es ist nicht leicht, sich über den Begriff der Nation zu ver=
ständigen, zumal der Sprachgebrauch schwankt, und die Aus=
drücke Nation und Volk bald für gleichbedeutend gehalten und
verwerthet, bald wieder in verschiedenem Sinne gebraucht werden.
Engländer und Franzosen pflegen heute sehr oft Nation das zu
heißen, was wir unter Volk (populus) verstehen, d. h. die po=
litische Gesammtheit der Staatsgenossen und, hinwieder peuple,
peeple zu nennen, was wir dem Ursprung des Wortes gemäß
eher Nation heißen, d. h. die natürliche Rassegemeinschaft, ab=
gesehen vom Staate. Dennoch müssen die verschiedenen Begriffe
auch durch verschiedene Worte bezeichnet und der Name festge=
halten werden, soll nicht das Verständniß gänzlich verwirrt
werden.

Ursprünglich bezeichnet der Ausdruck Nation nicht einen
Rechts= noch einen Staatsbegriff. Die Hellenen fühlten sich als
Eine Nation, obwohl es keinen hellenischen Gesammtstaat gab.
Die in verschiedene Volksstämme gespaltenen Germanen wurden

von den Römern, wie von ihnen selber als Nation betrachtet.
Die italienische Nation war bis vor kurzem in verschiedene Staaten
getheilt und ist heute noch nicht völlig geeinigt. Nicht einmal
die Begriffe französisches Volk und französische Nation decken sich.
Die Staatsgrenzen sind also nicht die Grenzen der Nation. Je
nach Umständen erfüllt eine Nation nur einen Theil eines Staats=
gebiets oder greift über dasselbe hinaus in andere Staaten
hinein.

Aber unzweifelhaft sind die Nationen Bildungen der Ge=
schichte, und zwar nicht einzelner geschichtlicher Vorgänge, sondern
einer langsam fortschreitenden, in der Folge der Geschlechter erst
wirksam werdenden Geschichte.²) Man kann eine Nation nicht
plötzlich durch eine freie Uebereinkunft von Individuen schaffen,
noch durch ein Staatsgesetz ins Leben rufen. In jener Form
mag eine Gesellschaft zusammentreten, in dieser unter Umstän=
den sogar ein Volk künstlich eingerichtet werden. Die Nation
bedarf eines längeren Wachsthums und erst in den folgenden
Geschlechtern gewinnt sie höheren Ausdruck und festen Bestand.
Die Erblichkeit gehört zu ihrem Wesen. Sie wird fortge=
pflanzt in der Rasse.

Die Alten pflegten die Entstehung der Nationen von der
Abstammung von gemeinsamen Stammeseltern zu erklären.
Wie die semitische Sage die Entstehung des Menschengeschlechts
von Einem Elternpaare ableitet, so führt die biblische Völker=
tafel die Unterschiede der Nationen, in welche die Menschheit sich
abzweigt, je auf besondere Stammväter zurück, deren Nach=
kommen sich von einander getrennt haben. Ganz ebenso leiteten
die alten Hellenen und die alten Germanen ihre Nationalität von
einem Urelternpaare ab, dort des Hellen, hier des Man, als
deren Nachkommen sie sich betrachteten. Diese Sagen sind frei=
lich nur Bilder oder Erklärungsversuche der nationalen Gemein=

schaft, welche als **Blutsverwandtschaft** verstanden und idea=
lisirt wird. Die Nationalen sind Brüder, denn sie gelten als
Nachkommen derselben Urväter und Urmütter. Wir wissen nun,
daß diese Annahme falsch ist, wenigstens nicht zutrifft zur Er=
klärung der heutigen europäischen Nationen; denn diese sind
großentheils in geschichtlicher Zeit, und nirgends durch Abstam=
mung von Einem Elternpaare entstanden, und im Zweifel dürfen
wir annehmen, daß die Perser und die Assyrer, die Hellenen und
die Germanen in ähnlicher Weise entstanden seien, wie die Fran=
zosen und die Spanier, die Engländer und die Deutschen. Es
gibt unter den Nationen keine nachweisbare Blutsverwandtschaft.
Aber in jener uralten Erklärung ist doch die entscheidende Wahr=
heit verborgen, daß sich die Nationalität durch die Abstam=
mung bewährt, daß sie zunächst durch die Fortpflanzung
des Blutes von Geschlecht zu Geschlecht vererbt wird.

Indessen die Erblichkeit ist nur ein Kennzeichen und eine
Wirkung der Nationalität, nicht ihre Ursache. Aus der Erblich=
keit wird nicht ihr Ursprung, sondern nur ihre Fortdauer erklärt.

Welches sind denn die einigenden und trennenden Kräfte,
welche den Massen das Gepräge einer Nation eindrücken und so
nachhaltig auch in Fleisch und Blut übergehen, daß die nationale
Eigenart rassemäßig fortgepflanzt wird?

Meistens wirken viele Momente zusammen. Kein einzelner
Factor ist für sich allein entscheidend und keiner überall wirksam.
Die wichtigsten sind:

1) Die Religion. Der religiöse Glaube hat vorzüglich
in dem alten Asien, aber auch im Mittelalter so mächtig auf die
ganze Lebensweise und Denkart der Massen eingewirkt, daß die
Religionsgenossen sich als Nationale wider die Andersgläubigen als
Fremde abschlossen. Es ist wahrscheinlich, daß die arischen Perser
und die arischen Indier voraus um des Glaubens willen sich

schieden, und gewiß, daß die Brahmanisten und Buddhisten sogar in
Indien sich als fremde Nationen bekämpften. Wie entscheidend
der Jehovahdienst auf die Gründung der Jüdischen Nation ein=
gewirkt und derselben einen eigenthümlichen zähen Charakter ein=
geprägt hat, durch den sie sich von allen andern Nationen scharf
unterschied, beweist die Weltgeschichte. Nicht bloß in Palästina,
auch in der Babylonischen Knechtschaft, in Alexandrien und in
Rom bewahrte die Jüdische Nation ihre Eigenart, und nach der
schließlichen Zerstörung des Jüdischen Staates hielten während
des ganzen Mittelalters die zerstreuten Bruchstücke der Jüdischen
Nation mitten unter fremden Nationen, deren Sprache sie an=
nahmen, dennoch ihren religiösen Nationalcharakter fest. Ebenso
traten sich im Mittelalter die lateinische und die griechische Kirche
wie zwei Nationen gegenüber.

Auch in der heutigen Cultur übt der Gegensatz der Religion
und der Confession noch immer einen erheblichen Einfluß aus;
aber die Bildung der Nationen wird nicht mehr von demselben
bestimmt. Die europäischen Nationen halten ihre nationale Ge=
meinschaft aufrecht, auch wenn verschiedene Confessionen und so=
gar verschiedene Religionen in ihrem Innern sich unterscheiden,
und keineswegs betrachten die Glaubensgenossen die vaterländi=
schen Andersgläubigen als Fremde.

Die deutschen Protestanten und Katholiken sind mit den
deutschen Juden zu Einer Nation zusammengewachsen und schei=
den sich national von den französischen Katholiken, Protestanten
und Juden. Viel früher schon hatte die chinesische Nation die
Unterschiede der Religion durch ihre gemeinsame Cultur über=
wunden.

2) Stärker als die Religion wirkt auf die Scheidung der
Nationen der Gegensatz der Sprache. Die Nation erscheint
ganz besonders deutlich als Sprachgenossenschaft. Indem

die Massen in verschiedenen Ländern allmählich ihre Sprache
eigenthümlich fortbilden, kommt eine Zeit, in der sich die frühern
Sprachgenossen nicht mehr verstehen, weil ihre Sprachen sich
nach und nach geschieden haben. Von da an erkennen sich die,
welche noch dieselbe Sprache reden oder doch verstehen, als Nationale, und die Andern, deren Sprache ihnen unverständlich geworden ist, als Fremde. Die Sprache ist der Ausdruck des gemeinsamen Geistes und das Instrument des geistigen Verkehrs.
Sie wird in der Familie fortgepflanzt und gleichsam vererbt.
Die Muttersprache hält das Bewußtsein der Nationalität in
täglicher Uebung wach und lebendig. Selbst fremde Rassen werden durch eine neue Sprache, welche sie in erblicher Weise aufnehmen, nach und nach geistig umgebildet und erhalten die Nationalität, deren Sprache sie reden. In dieser Weise sind die
germanischen Ostgothen und Longobarden nach und nach in
Italien durch die Sprache zu Italiänern, die Kelten und die
Franken in Frankreich zu Franzosen, die Slaven und Wenden
in Preußen zu Deutschen geworden.

Wie in unsren Tagen das Nationalbewußtsein kräftiger und
lebendiger geworden ist, als je zuvor, so haben die Werke der
Sprache, so hat die Literatur und ganz vorzüglich die perio-
dische Presse den erheblichsten Antheil an dieser Erscheinung.
Die nationale Bewegung hat zumeist ihre Impulse von der nationalen Literatur empfangen, welche die Gemeinschaft des Den-
kens und Empfindens vermittelt und den geistigen Gemeinbesitz
erweitert.

Dennoch entscheidet auch die Sprache nicht immer über die
Nationalität, und es sind die Begriffe Nation und erbliche
Sprachgenossenschaft nicht völlig gleichbedeutend. Die Bewohner der Bretagne, die Basken und selbst die Elsasser betrachten sich selbst als Franzosen, obwohl sie die französische

Sprache entweder gar nicht oder doch nur wie eine fremde, er-
lernte Sprache reden. Hier hatten die lange staatliche Verbindung
zu Einem Volk, die gemeinsamen Schicksale und Interessen, die
Theilnahme an der Pariser Cultur das französische Nationalgefühl auch über fremde Bestandtheile des Reiches früher ausge-
breitet, bevor die französische Sprache auch diese Gebiete erobert
hatte. Hinwieder haben sich die Engländer und die Nordamerikaner, trotz der fortdauernden Sprachgemeinschaft, wie
zwei Nationen von einander getrennt. Nicht durch die Sprache,
sondern durch die Trennung zweier Welttheile, zwischen denen
das breite Weltmeer sich ausdehnte, durch die Verschiedenheit der
beiden Länder und der Lebensaufgabe ihrer Bewohner, durch den
Gegensatz der politischen Verfassung und Denkweise, durch die
auseinander treibenden Interessen und das Bedürfniß eines jeden
der beiden Völker, sich selber zu bestimmen, ist diese Scheidung
der Nationen hervorgebracht worden und hat einen typischen
Ausdruck und eine rassemäßige Dauer gewonnen.

Diese Beispiele zeigen, daß außer Religion und Sprache
3) auch die Gemeinschaft des Landes und 4) der Verband zum
Staate einen Einfluß haben auf die Bildung neuer Nationen.
Die Gemeinschaft des Landes bedingt großentheils die Gemeinschaft des Klimas, der Nahrung, der Kleidung, der ganzen phy-
sischen Lebensweise. In dem Lande findet auch die Nation einen
festen Boden, auf dem sie ruht, wo sie ihre Wohnsitze einrich-
tet und ihrem Berufe nachgeht. Die Heimat wie das Vaterland ziehen die Liebe ihrer Kinder mit magnetischer Kraft an
sich. Die Heimatsgenossen, die Vaterlandsgenossen fühlen sich
als verwandte Glieder Einer Nation.

Zu seiner vollen Stärke kann aber dieses Gemeingefühl, das
sich an den gemeinsamen Boden anschließt, nur in Verbindung
mit der staatlichen Abgrenzung und Sicherung gelangen. Auf

dem Boden eines fremden Staats sind die Nationalen auch dann in der Fremde, wenn sie in größerer Anzahl als Colonien beisammen wohnen. Ihre wahre Heimat ist nicht dort, sondern in dem Vaterlande, dem sie als Staatsgenossen verbunden bleiben. Insofern also wird die Nationalität wieder abhängig mehr von dem Staat, als von dem Boden, wo man lebt. Wenn aber die Colonisten sich entschließen, in dem fremden Lande eine neue Heimat zu gründen, wenn sie den Verband mit dem alten Vaterlande lösen und übertreten in die Staatsgenossenschaft des Niederlassungsorts, dann wird auch ihre angeborne Nationalität einer Wandlung ausgesetzt und geht allgemach in die neue Nationalität des neuen Heimatlandes über.

Der Staat hat ein natürliches Streben, seine Bevölkerung auch innerlich so zu verbinden, daß sie sich nicht nur als ein politisch zusammengehöriges Volk, sondern als eine culturmäßig und erblich verbundene Nation fühlt und von andern Nationen unterscheidet. Wo insbesondere Bruchtheile verschiedener Nationalitäten in Einem Staate gemischt sind, da entsteht, von der einigenden Macht des Staates zusammengehalten, aus der Mischung eine neue Nationalität. So hat an der Bildung der französischen und der englischen Nation der französische und der englische Staat einen sehr bedeutenden Antheil gehabt. Der niederländische Staat und seine Geschichte hat die Holländer als eine besondere Nation auch von den sprach= und stammverwandten Friesen, die Deutsche blieben, allmählich getrennt.

Aber gar nicht immer gelingt diese Einwirkung. Oft erweist sich die ursprüngliche und unstaatliche Nationalität als einen so spröden Stoff, daß er sich der staatlichen Umbildung nicht fügt. Nirgends decken sich die Begriffe Nation und Staat völlig, und daher ebenso wenig die Begriffe Nation und Volk. Eine große Anzahl von Staaten enthalten nur Bruchstücke einer

Nation und vermögen dieselbe nicht zu neuen Nationen umzu=
bilden. Manche Staaten umfassen Theile von verschiedenen Na=
tionen, und es gelingt ihnen nicht, dieselben zu einer neuen Na=
tionalität umzuschaffen. Gerade aus diesen Widersprüchen quellen
die Streitfragen auf, welche das politische Leben der heutigen
Welt vornehmlich bewegen. Aus derartigen Reibungen entzün=
den sich die gewaltigen Kämpfe der bestehenden Staatsmacht
und des geschichtlichen Staatsrechts mit den nationalen Trieben
und Verlangen, welche eine Umgestaltung fordern.

Aus allen diesen Wahrnehmungen ergibt sich, daß die Natio=
nalität vorerst durch Ursachen hervorgebracht wird, welche auf die
Seelenstimmung, auf die Gemüther, auf die Geister der Bevöl=
kerung einwirken und denselben einen eigenthümlichen Inhalt und
Ausdruck verleihen. Die nationale Gemeinschaft ist also vorerst
Gefühls= und Geistesgemeinschaft. Aber die Nation ist
doch erst dann geboren, wenn diese seelische Gemeinschaft in
dem leiblichen Dasein dauernde Wirkungen hervorgebracht, wenn
sie auch die gemeinsame Erscheinung, gleichsam die Physiognomie
der Massen bestimmt hat; und sie wird nur wirksam in der
rassemäßigen Fortpflanzung vorerst durch das Blut, so=
dann durch die Erziehung.

Weil der Ursprung der Nationalität ein geistiger ist, so
folgt das Wachsthum und die Ausdehnung der Nationen auch
der Bewegung des · Geisteslebens. Während die Grenzen der
Staaten und demgemäß der Völker fest geordnet sind und nur
von Zeit zu Zeit Aenderungen erfahren, die aber sofort wieder
einen dauernden Zustand abschließen, so sind dagegen die Grenzen
der Nationen ihrer Natur nach beweglich und veränderlich,
ebenso wie das Geistesleben selber, das nicht stille steht. Ins=
besondere der wichtigste Factor bei der Bildung der Nationen,
die Sprache schreitet bald vorwärts, indem sie ihren Geist und

ihre Cultur auf neue Gegenden ausdehnt, bald wird sie von einer mächtigeren Sprache zurück gedrängt. Zuweilen schwankt der Sieg in den Grenzgebieten hin und her. Die Grenzen der Sprachen und der Nationen werden so bald vorwärts geschoben, bald verengert. Wo eine civilisirte Weltsprache einer weniger gebildeten Sprache, oder nur bäurischen Dialekten einer andern Cultursprache begegnet, da wird jener der Sieg, zunächst in den gebildeten Classen, leicht. Vielfältig sind so in den romanischen Ländern die Germanen dem Einfluß der romanischen Cultur unterlegen und haben die romanische Sprache angenommen. Aber heute noch macht die französische Sprache in Belgien und in der westlichen Schweiz und die italiänische an den Abhängen der Alpen nach Süden Fortschritte. Es dringt aber auch umgekehrt die deutsche Sprache in den romanischen Bergthälern von Graubündten siegreich vor, mächtiger noch im Kampf mit den slavischen Sprachen der nordöstlichen Grenzgebiete von Deutschland. Größere Eroberungen macht die englische Sprache in Amerika und Australien. In der Ausbreitung einer Nationalität zeigt sich ihre culturwirkende Lebenskraft, in ihrer Zurückdrängung dagegen ihre Schwäche.

Auch unter ungünstigen Verhältnissen kann sich daher die rassemäßig befestigte Nationalität noch eine Zeit lang behaupten. Tocqueville erzählt eine merkwürdige Erfahrung der Art, die er auf einer Reise nach Amerika gemacht hat. In dem amerikanischen Urwald traf er auf eine kleine Niederlassung von wenigen Familien. Sie hatten in der Einöde an demselben Orte ihre Blockhäuser gebaut, dieselben Kämpfe bestanden mit der Natur und den wilden Thieren. Sie hatten vielleicht während eines Jahrhunderts unter denselben Gesetzen gelebt, dieselbe Luft geathmet, dieselbe Nahrung genossen, gemeinsame Noth ertragen. Aber die einen Familien stammten von Engländern, die andern von Franzosen ab und beide hatten während dieser langen Zeit ihre nationale Sinnesart, ihre nationalen Sitten und Vorurtheile mit zäher Treue bewahrt. Sie schauen sich noch, wie Engländer an der Themse und Franzosen an der Seine, mit fremden Augen argwöhnisch an.

Wo immer einzelne nationale Gruppen in fremden Ländern zusammen leben, schließen sie sich gerne an einander an und isoliren sich von den Fremden. In allen diesen Erscheinungen bewährt sich die Kraft der nationalen Eigenart. Die heutige Gesellschaft ist bis auf einen gewissen Grad kosmopolitisch geworden. Die gesellschaftliche Kleidung, die gesellschaftlichen Sitten sind dieselben in der gebildeten Welt von Europa und Amerika. Gewöhnlich überwiegt auch in jeder Gesellschaft Eine Sprache und Alle versuchen es, sich in derselben verständlich zu machen. Dennoch bedarf es oft nur eines geringen Anstoßes und die scheinbar gleichartige Menge fährt plötzlich in verschiedene Nationalitäten aus einander, wie oft durch eine kleine Bewegung eine chemische Mischung in die ursprünglichen Stoffe sich auflöst.

Zuweilen bricht sogar die ursprüngliche Nationalität, die bereits in eine neue verwandelt schien, wieder hervor, wenn die Kräfte verschwinden, welche die Wandlung bewirkt haben. Die deutschen Elsasser berühmen sich in Europa oft, echte Franzosen zu sein. Sie haben auch in mancher Hinsicht der französischen Nationalität sich assimilirt. Aber wenn sie aus Frankreich auswandern und in den Vereinigten Staaten in der Nähe von Deutschen neue Wohnsitze gründen, so fühlen sie sich bald wieder als deutsche, nicht als französische Amerikaner.[3]) Die Erinnerung an die alte deutsche Rasse erwacht wieder und das deutsche Gemüth kommt wieder zu voller Geltung. Aehnliche Wiederher-

stellungen und Rückbildungen der nationalen Rasse sind
auch anderswo in der Geschichte der Völker wahrzunehmen. •
Versuchen wir nunmehr, den Begriff der Nation zu bestim=
men. Wir heißen Nation die erblich gewordene Geistes=,
Gemüths= und Rassegemeinschaft von Menschenmassen
der verschiedenen Berufszweige und Gesellschaftsschichten, welche
auch abgesehen von dem Staatsverband als culturverwandte
Stammesgenossen verbunden und von den übrigen Massen
als Fremde unterschieden sind. Der Begriff der Nation ist also
ein geschichtlicher Culturbegriff. Indem die Menschen=
rassen durch die Weltgeschichte in Nationen getheilt wurden, ist
durch die Mannigfaltigkeit und den Wettstreit der Nationen das
Leben der Menschheit bereichert und entwickelt worden.

3. Wirkung der Nationalität.

Die Nation bleibt zunächst nur eine Gemeinschaft, aller=
dings eine organische Gemeinschaft, denn sie hat zugleich eine
geistige und eine leibliche Seite, aber keine wirkliche Einheit.
Zur vollen Einheit fehlen ihr die nöthigen Organe, welche ihren
Gesammtwillen äußern. Sie ist daher keine Person, im
juristischen Sinne des Worts, kein anerkanntes Rechts=
wesen. Sie äußert sich vielmehr immer in einer großen An=
zahl von Einzelmenschen, welche die gemeinsame Rasse in sich
haben und dieselbe mehr oder weniger deutlich in ihren Sitten,
in ihrer Lebensweise, in ihren Uebungen, Festen und Spielen,
in ihren Handlungen und Werken darstellen. Keiner von diesen
Allen ist ermächtigt, die Nation als Ganzes zu repräsentiren.
Auch die einzelnen Geisteswerke sind nur in geringem Maße
national. Die wissenschaftliche Beobachtung und die logische Folge
der Gedanken werden doch mehr durch die allgemeinen Gesetze

der Erkenntniß, als durch nationale Eigenthümlichkeit bestimmt. Die Werke der Dichter und der schönen Literatur überhaupt sind doch vorzugsweise Schöpfungen des individuellen Künstler= geistes und nicht des nationalen Gemeingeistes. Die nationale Seite in diesen Werken ist freilich erkennbar, aber sie gibt denselben doch nur eine bestimmte Färbung, nicht ihren eigentlichen Gehalt. Die besten Werke der Wissenschaft und der Literatur sind auch in ihrem Gemeinwerthe eher menschlich als na= tional. Noch weniger ist in der bildenden Kunst die nationale Eigenthümlichkeit entscheidend, obwohl wir auch da die hellenische Architektur von der römischen, die italienische Malerei von der niederländischen, die deutsche Musik von der französischen unter= scheiden. Die herrlichsten Kunstwerke der ersten Meister haben meistens etwas Gemeinverständliches für alle Nationen, und die verschiedenen Kunstschulen und Kunstrichtungen erfassen ge= wöhnlich mehr als eine Nation.

In allen diesen Dingen bringt die Nationalität nur eine leise Modification der Werke hervor, welche der individuelle Geist erschafft, sie bestimmt nicht das Wesen dieser Werke. Sie erzeugt überhaupt nicht leicht eigenthümliche Arten von Werken, sondern gewöhnlich nur Varietäten der ohnehin bestehenden Arten.

Nur in Einem großen Geisteswerke bewahrt die Nation selber ihre schöpferische Kraft. Die Sprache ist das eigenste Gut der Nation und zugleich der deutlichste Ausdruck und das Erzeug= niß ihres Gemeingeistes. Allerdings arbeiten auch an der Sprache einzelne hervorragende Individuen, sie bereichern dieselbe durch freie Auswahl und Erfindung und bilden sie fort. Aber im Großen ist die Sprache doch in ihrem Wortschatz wie in ihren Formen, Biegungen, Wandlungen und in ihrer Satzbildung das Werk der gemeinsamen nationalen Sprachkraft. Wir wissen,

wie Vieles die italienische Sprache Dante, die deutsche Luther
zu verdanken hat, aber sowohl Dante als Luther haben ihre
Sprache nicht erfunden, sondern aus dem reichsprudelnden Quell
der Volkssprache geschöpft, an der zuvor Millionen von Menschen
gearbeitet hatten, ohne daß ihre Arbeit im Einzelnen nachzuwei=
sen ist. Dante und Luther haben von ihren Müttern viel mehr
Sprache gelernt, als sie aus eigener Arbeit daran fortgebildet
oder hinzugefügt haben.

Zunächst der Sprache hat, wenigstens ursprünglich, noch das
Recht ein nationales Gepräge. Wie die Sprachkraft auf Mit=
theilung und geistigen Verkehr angewiesen ist, so ist der Rechts=
sinn auf die gemeinsame nothwendige Lebensordnung gerichtet.
In der Sprache offenbart sich der Gemeingeist, in den Rechts=
übungen die gemeinsame Rechtsüberzeugung. In dem Maße,
wie sich eine Nation ihrer Eigenart bewußt wird und sich von
andern Nationen scharf absondert, nehmen auch ihre Rechtsinsti=
tutionen und ihre Rechtsgebräuche einen nationalen Charakter
an. Die deutsche geschichtliche Rechtsschule hat mit Vorliebe und
mit Fleiß diese nationale Seite der Rechtsbildung im Einzelnen
beleuchtet. Aber wenn die Rechtscultur älter und erfahrener
wird, wenn dem Rechtsbewußtsein auch der menschliche Zusam=
menhang klarer wird, die Rücksicht auf vernünftige Gründe und
zweckmäßigen Gebrauch des Rechts schärfer ins Auge gefaßt
wird, dann tritt auch das specifisch=nationale Element in dem
Recht hinter dem menschlichen und rationellen Charakter
desselben zurück. Leichter als es eine fremde Sprache erlernt,
nimmt daher ein Volk ein fremdes Recht an und benutzt so die
Arbeit anderer Nationen und Staaten für seine Zwecke. Die
deutsche Nation hat so nach und nach die lateinische Gelehrten=
sprache des Mittelalters abgestreift und die einheimische Volks=
sprache wieder zu Ehren gebracht; aber sie hat sich ohne nach=

haltigen Widerstand dem römisch-byzantinischen Kaiserrecht un-
terworfen und kann sich von dieser Fremdherrschaft nicht mehr
durch Erneuerung ihres alten Volksrechts, sondern nur in Verbindung mit der modernen menschlich-rationellen Rechtsbildung
allmählich wieder befreien. Fast ohne Widerspruch haben deutsche
Länder den französischen Code Napoléon als Rechtsbuch angenommen und bald mit Neigung daran festgehalten.

Weniger noch wirkt die Nationalität auf den religiösen
Glauben. Die alten heidnischen Religionen freilich waren
national. Die Götter waren vorzugsweise Götter der Stämme,
der Städte, der Nationen. Auch die monotheistische Religion
der Juden war anfangs national, Jehovah war der Nationalgott
der Juden. Aber die großen Weltreligionen der Folgezeit, insbesondere das Christenthum, haben diese nationale Schranke beseitigt, und verbinden mit dem Einen Gott auch das ganze
Menschengeschlecht und die gesammte Welt. Das religiöse Leben
ist daher entweder individuel, oder universel; jenes insofern
der individuelle Menschengeist sich an Gott wendet, dieses insofern ein bestimmter Gottesglaube die Menschheit oder Theile der
Menschheit erfüllt. Es gilt das vom Buddhismus und der
Religion des Kon-fu-tsü ebenso wie vom Islâm und dem
Christenthum. Alle diese Religionen haben einen universellen
menschlichen Grundcharakter. Es gilt das zunächst auch von den
christlichen Confessionen. Nicht bloß der Katholicismus behaup-
tet seine universelle Natur; auch der Protestantismus läßt sich
nicht in die Grenzen eines Landes einpferchen.

Dennoch übt auch auf die Auffassung der Religion der nationale Charakter eine unläugbare Wirkung aus und mehr noch
auf die Verfassung der Kirche und die Formen des Cultus. Es
ist nicht zufällig, daß das Christenthum vorzugsweise die Religion der arischen Nationen geworden ist, und daß die romani-

ſchen Nationen faſt durchweg römiſch-katholiſch, Ruſſen
und Griechen griechiſch-katholiſch und die germaniſchen
Nationen in ihrer großen Mehrheit proteſtantiſch ſind.

Mit Nachdruck fordert der Proteſtantismus insbeſondere
nationale Verſtändlichkeit für den Cultus. Während die ka=
tholiſche Kirche noch wie im Mittelalter die gelehrte lateiniſche
Sprache als die univerſelle Cultusſprache bewahrt, werden in
den proteſtantiſchen Ländern überall Liturgie und Gebet in der
lebendigen Volksſprache d. h. in einer für alle Gläubigen ver=
ſtändlichen nationalen Form gehalten. Ebenſo unterſcheiden ſich
die proteſtantiſchen Kirchen in den verſchiedenen Ländern durch
beſondere Einrichtungen, den nationalen Bedürfniſſen und Anſich=
ten gemäß. Die Nationalität beſtimmt da alſo zwar nicht das
Weſen der Religion und nicht einmal den Grundcharakter des
Cultus oder der Kirchenverfaſſung, aber ſo weit in ihr eine be=
ſtimmte gemeinſame Sinnesart und Sprachweiſe Ausdruck ge=
winnt, modificirt und nationaliſirt ſie beide.

In neuerer Zeit gewahren wir ähnliche Bewegungen auch
innerhalb der katholiſchen Kirche. Auch da liegt eine nationale
mit der univerſellen Richtung und dem gemäß die autonome Frei=
heit mit der centralen Herrſchaft im Kampf. Die biſchöfliche
Kirche in Frankreich und in Toscana und die kurfürſtlich-lan=
desherrliche in Deutſchland behaupteten im vorigen Jahrhundert
eine gewiſſe Selbſtändigkeit der römiſchen Curie gegenüber.
Seither iſt dieſelbe innerhalb des Klerus durch den ſteigenden
Abſolutismus des Papſtthums zerbrochen worden, aber in der
Laienwelt zeigen ſich um ſo mehr die Unzufriedenheit mit dieſem
kirchlichen Abſolutismus und die Abneigung gegen das fremde
Römerregiment. Zum Frieden werden die Parteien kaum mehr
kommen, bis die univerſelle römiſche Kirche dem nationalen

Verständniß und der nationalen Freiheit die nötbigen Zugeständ=
nisse machen wird.

Die Beziehung der Nationalität zum Staate ist offenbar
enger als die zur Kirche. Denn der Staat erscheint als Orga=
nisation eines Volks, und die Völker erhalten ihren Charakter
und Geist vornehmlich von den Nationen, welche im Staate le=
ben. Zwischen den Begriffen Nation und Volk zeigt sich da=
her eine natürliche Verwandtschaft. Obwohl sie sich in
der Praxis nirgends decken, zeigen sich doch überall starke Triebe,
welche eine Ausgleichung anstreben.

Zunächst freilich ist die Nation nur Cultur= und nicht
Staatsgemeinschaft. Aber wenn sie sich ihrer Gemeinschaft in
Sitte und Sprache, in Geist und Charakter recht lebendig be=
wußt wird, dann liegt der Gedanke und das Verlangen nahe,
daß sie diese Gemeinschaft auch zur vollen Persönlichkeit aus=
bilde, daß sie auch einen gemeinsamen Willen hervorbringe und
ihren Willen als wirksame Macht bethätige, d. h. daß sie den
Staat bestimme oder zum Staate werde.

Das ist die Begründung des politischen Nationali=
tätsprincips, wie dasselbe in unserer Zeit in besonderer Stärke
auftritt. Man begnügt sich nicht mehr damit, daß der Staat
die natürlichen Rechte einer jeden Nation auf ihre Eigenart,
auf ihre Sitte, ihre Sprache, ihre Cultur achte und schütze.
Diese natürlichen Rechte einer jeden Nation werden heute in
dem civilisirten Europa wie in Amerika als selbstverständlich
geachtet. Wenn im Widerspruche damit in Osteuropa die Russo=
manen die übrigen Nationen, voraus die Polen, ihrer Mutter=
sprache gewaltsam zu berauben suchen, so erscheint das in den
Augen der civilisirten Welt als ein Zeichen noch ungezähmter asia=
tischer Barbarei.

Das moderne Nationalitätsprincip verlangt mehr als je=

nen Schutz: es verlangt, daß der Staat selber zum National=
staat werde.

In seiner absoluten Fassung heißt das Nationalitätsprincip:
Jede Nation ist berufen und daher berechtigt, einen Staat zu
bilden. Die Nation ist die natürliche und culturmä=
ßige Anlage zu dem politischen Volk. Die Volksperson
ist die Erfüllung dieser Anlage. Die volle Consequenz dieses
Gedankens wäre die: Wie die Menschheit in eine Anzahl von
Nationen getheilt ist, so soll die Welt in eben so viele Staaten
zerlegt werden. Jede Nation Ein Staat. Jeder Staat
ein nationales Wesen.

Ist dieser Gedanke wahr? Wir sehen, daß die einen ihm
mit Begeisterung huldigen und bereit sind, ihre ganze Existenz
für die Verwirklichung desselben einzusetzen und daß die andern
ihn als ein leeres Spiel der Phantasie, als eitel Schwindel ver=
höhnen.

Die Macht desselben zeigt sich schon in der früheren Staa=
tengeschichte. Bevor das Princip ausgesprochen war, wurde es
wirksam. Seitdem es verkündet worden, hat es an Stärke zuge=
nommen. Ueberschauen wir, um darüber klar zu werden, die
hauptsächlichsten Gegensätze zwischen dem Umfang der Nation
und dem Gebiet des Staats.

I. Das Staatsgebiet ist kleiner als die Nation.

Dann werden wir zwei entgegengesetzte Strömungen ge=
wahr. Wenn das Staatsbewußtsein in den Bürgern sehr
lebendig ist und dieselben befriedigt, so zeigt sich das Streben
des Staates, seine Bevölkerung zu einer neuen Nation eigen=
thümlich auszubilden. In dieser Weise sind im Alterthum die
Athener und Spartaner kraft ihrer staatlichen Erziehung und
Absonderung zu relativen Nationen geworden; aber auch im Mit=
telalter die Venetianer und die Genuesen, und später die Hollän=

der und theilweise die Schweizer. Das großartigste Beispiel aber der Bildung einer neuen Nation durch die Kraft des politischen Geistes, der freilich von dem Gegensatze der Lage unterstützt ward, ist die nationale Scheidung der Nordamerikaner von den Engländern.

Wenn dagegen die nationalen Triebe in dem engen Staatswesen sich unbefriedigt fühlen, dann streben sie umgekehrt, die Grenzen des Staates zu überschreiten und sich mit ihren nationalen Genossen in andern Staaten zu einem größeren nationalen Staate zusammen zu schließen. Dieser Zug bewegte schon früher die französische und sie bestimmt in unserm Jahrhunderte die italienische und die deutsche Staatenbildung.

II. Das Staatsgebiet ist weiter als die Nation: d. h. es umfaßt zwei oder mehrere Nationen, oder doch Bruchtheile von solchen.

Hier sind wieder mehrere Fälle zu unterscheiden:

A) Die verschiedenen Nationen oder Bruchtheile von Nationen sind massenhaft neben einander in dem Einen Staatsgebiete gelagert. Da zeigen sich folgende Strömungen:

1. Die Tendenz des Staates, gestützt auf die hervorragende Cultur einer Nationalität, allmählich die andern nationalen Elemente jener zu assimiliren und dadurch das ganze Volk zu Einer Nation umzuwandeln. So wurde in dem altrömischen Kaiserreiche der Occident latinisirt und der Orient hellenisirt. In ähnlicher Weise sucht heute der Belgische Staat, gestützt auf die Wallonen und besonders auf die französische Bildung der Städte, die höheren Classen auch der Vlämischen Bevölkerung zu französiren. Ebenso unternimmt es gegenwärtig Rußland, die Polnische Nation gewaltsam zu ruffificiren. Diese Nationalisirung gelingt nur da, wo die herrschende

Nation den übrigen an Geist und Macht weit überlegen ist. An dem Widerstand der Germanen und der Perser ist doch auch die Römische Politik gescheitert.

2. Die Tendenz der verschiedenen Nationen, den Staat zu theilen und politisch auseinander zu gehen. Die Repealbewegung der Iren gegen den englischen Staat, die Lostrennung der Lombarden und der Venetianer von Oesterreich, die Verfassungskämpfe in Oesterreich überhaupt, der erneuerte Dualismus von Ungarn und Cisleithanien, aber auch der Streit zwischen Magyaren und Slaven, Deutschen und Czechen offenbaren die zähe Kraft dieser Richtung.

3. Ihr entgegen zeigt sich ferner die Absicht des Staates, die verschiedenen Nationen zusammen zu halten, ohne sie zu Gunsten Einer Nation zu nationalisiren. Dann aber muß der Staat darauf verzichten, ein specifisch-nationaler zu sein. Er verhält sich dann in nationaler Beziehung als neutral oder vielmehr als gemeinsam. Er läßt jede Nation in seinem Innern, soweit ihre Culturinteressen in Frage sind, völlig frei gewähren und betrachtet sie alle als gleichberechtigt. Soweit die Politik zu bestimmen ist, vermeidet er aber die nationale Einseitigkeit und bestimmt dieselbe lediglich nach gemeinsamen politischen, nicht nach besondern nationalen Motiven.

Das ist die Methode, durch welche es bisher der Schweiz gelungen ist, das schwierige Problem des Nebeneinander verschiedener Nationalitäten zu lösen und dieselben zu befriedigen, ohne die Einheit des Staats zu gefährden. In dem centralen Gebirgsstock zwischen Deutschland, Frankreich und Italien haben sich so Bruchtheile dieser drei großen Nationen zu kleinen republikanischen Gemeinwesen gestaltet und zu einem friedlichen und neutralen Gesammtkörper geeinigt. Die einzelnen Cantone freilich sind durchweg nationale Staaten. Entweder bestehen sie nur aus Einer Nationalität, wie Zürich, Basel und überhaupt die deutschen Cantone der nördlichen und die Cantone der innern Schweiz und wie die französischen Cantone Waadt, Genf und Neuenburg und das italienische Tessin. Oder, wenn auch sie gemischt sind, so überwiegt doch eine Nationalität darin, wie in Bern und Graubündten das deutsche, in Freyburg und in neuerer Zeit auch im Wallis das französische Element. Indem die Cantone ihre Culturinteressen nach eigenem Ermessen frei verwalten, können sie beliebig auch ihre nationalen Ansichten zur Geltung bringen und für die nationalen Bedürfnisse sorgen. Der Bund aber vereinigt die deutschen und wälschen Schweizer zu Einem Gesammtkörper und in Einer Repräsentation, in welchen jeder in seiner Sprache reden mag, aber Alle als Söhne Eines Vaterlandes und Bürger Eines Staates zusammenwirken. Diese Gemeinschaft läßt sich freilich nur so lange bewahren, als die nationalen Leidenschaften schwächer sind, als das politische Gemeingefühl. Von dem Tage an, an welchem der nationale Gedanke die äußere Politik bestimmen will, ist jene in ihrer Existenz bedroht.

Eine völlig andere Methode, die verschiedenen Nationen staatlich zusammen zu halten, ohne sie umzugestalten, hatte die österreichische Politik eine Zeit lang mit scheinbarem Erfolge eingeschlagen, nach dem verunglückten Versuche Kaiser Joseph II. Oesterreich zu germanisiren. Jede einzelne Nation sollte mit den Kräften der übrigen gezwungen werden, dem Staate zu dienen. Diese mechanische Methode der gewaltsamen Einigung kann wohl das Ganze künstlich zusammen ketten, aber nur so lange, als die eiserne Gewalt gefürchtet wird. Wenn ihr Zwang nachläßt oder unanwendbar wird, dann treiben die gekränkten und mißhandelten Nationalitäten nur um so leidenschaftlicher aus einander.

Die Geschichte Oesterreichs seit 1848 läßt in dieser Hinsicht kei=
nen Zweifel bestehen.

B) Die verschiedenen Nationalitäten sind nicht massenhaft
neben einander gelagert, sondern gruppenweise unter einander
gemischt. Dann ist die Gefahr für die Einheit des Staates
oder Landes nur gering. Eher entsteht die Gefahr für die
schwächere Nationalität, daß sie von der stärkeren, die sie um=
schlingt, aufgezehrt werde. Die geistig überlegene Nationa=
lität wird dann herrschend und assimilirt sich nach und nach die
vereinzelten Theile der fremden Nationalitäten. In dieser Weise
sind die Germanen in den vormaligen römischen Provinzen mit
der Zeit romanisirt worden, obwohl sie die herrschenden Stämme
waren. So werden Iren, Deutsche, Franzosen in den Verei=
nigten Staaten in den folgenden Generationen von dem angel=
sächsischen Nationaltypus der Nordamerikaner umgebildet.

Schon dieser Ueberblick macht bedenklich gegen die Annahme,
daß jede Nation berufen und geeignet sei, einen besondern Staat
zu bilden. Aus der Wechselwirkung der Nation und des Staats
folgt nicht, daß sie nothwendig in Eins zusammentreffen.

Eine nähere Prüfung sowohl der Natur der Nation als des
Staats verstärkt jene Bedenken und überzeugt uns, daß die obi=
gen Forderungen des Nationalitätsprincips übertrieben sind und
daß insbesondere das Verlangen der Nationen, zu selbständigen
Staaten zu werden, keine absolute, sondern nur eine re=
lative Berechtigung habe.

1. Nicht alle Nationen sind fähig, einen Staat zu er=
zeugen und nicht einmal alle Nationen, welche die Fähigkeit
haben, einen Staatsgedanken als den ihrigen hervorzubringen,
haben die sittliche Kraft, sich selber zu regieren und die Cha=
rakterstärke, um sich als nationale Staaten zu behaupten.
Die unfähigen bedürfen einer Leitung durch andere begabtere

Völker, die schwachen sind genöthigt, sich mit andern zu verbünden oder sich dem Schutze stärkerer Mächte unterzuordnen. Die keltischen Nationen haben überall in Westeuropa der romanischen oder germanischen Staatenbildung als passiver Stoff gedient. Die mancherlei Nationalitäten in Südosteuropa vermögen nur im Anschluß an einander staatlich zu bestehen. Die Berechtigung der Englischen Herrschaft in Ostindien beruht auf dem Bedürfniß jener Nationen nach einer höheren Leitung.

Die volle Geistes- und Charakterkraft, um einen nationalen Staat zu schaffen und zu erhalten, haben strenge genommen nur die Nationen, in welchen die männlichen Seeleneigenschaften überwiegen. Die mehr weiblich gearteten werden schließlich immer durch andere ihnen überlegene Mächte staatlich beherrscht werden. Nur in jenen hat das Verlangen, Staat zu werden einen Sinn; diesen fehlt gewöhnlich mit der Kraft auch die Neigung zur Selbständigkeit.

2. Da das Wesen der Nation vorerst Culturgemeinschaft, nicht Staatseinheit ist, so kann es vorkommen, daß eine Nation sich ihrer Culturverwandschaft bewußt ist, aber in ihren politischen Ideen uneinig ist. Ein Theil der Nation kann monarchisch, ein anderer republikanisch gesinnt und jeder Theil entschlossen sein, das ihm zusagende Staatsideal zu verwirklichen. Dann kann es geschehen, daß dieselbe Nation in verschiedenen Staatsformen ihre Eigenthümlichkeit darstellt, und nur in dieser mannigfaltigen Staatenbildung sich befriedigt fühlt. Dieser Zwiespalt ist zuweilen eine politische Schwäche einer Nation. Die hellenische Nation ist um der innern Zerklüftung willen in eine Anzahl kleiner Städtestaaten die Beute erst der Makedonischen Könige, dann der Römer geworden. Der Gegensatz zweier nationalen Staaten kann aber auch die Wirkung einer ungewöhnlich reichen Anlage einer lebenskräftigen Nation sein. Das angel-

fächfifche Brüderpaar der ariftokratifchen Monarchie von England und der repräfentativen Demokratie in Nordamerika ift ein Be= leg für die letztere Möglichkeit.

. 3. Die Staatenbildung fetzt nach dem Zeugniß der Ge= fchichte ein Zufammenwirken von verfchiedenen Urfachen voraus und ift das Ergebniß von Kämpfen verfchiedener Potenzen. Die Nationalität ift nur Eine jener Urfachen, fie ift in unferer Zeit wohl die ftärkfte Urfache geworden, aber fie ift nicht die einzige Urfache. Auch die Natur des Landes, — die infulare Lage, ein von Bergen umfchloffenes oder begrenztes Gebiet, ein Stromgebiet u. f. w. — übt abgefehen von der Nationalität der Bewohner ebenfalls eine Wirkung aus. Ferner üben politifche Ideen, die vielleicht nur einen Theil der Nation, oder Theile von verfchiedenen Nationen bewegen, einen beftimmenden Einfluß aus, z. B. die der Gemeinde= und ftädtifchen Freiheit auf ftädtifche Republiken, die eines Weltreichs auf einen halben Welttheil. So= dann beherrfcht die Autorität einzelner Fürften ihren Anhang, und es fchließen fich an Dynaftien ganze Stämme, an erb= liche Landesherren ganze Länder in Treue und Gehorfam an. Der Streit über gefchichtliches Recht und der Trieb zur Um= geftaltung erregt Thronfolgeftreitigkeiten und Bürgerkriege. Auch die Herrfchfucht der Machthaber und die Macht der Nachbarn find von Einfluß. Zuletzt entfcheidet im Kriege der Sieg und die Niederlage über das Dafein und den Umfang von Staaten. Zu den menfchlichen Kämpfen treten das Schickfal und die göttliche Leitung der Weltgefchichte hinzu und helfen den Sieg entfcheiden. So wird die Staatenbildung zu etwas anderem als der bloßen confequenten Entfaltung des nationalen Lebens. Durch die Macht der Gefchichte wird diefelbe viel= fältig begrenzt, getrennt, gefpalten, verändert; und die Nothwen= digkeit zwingt uns, die Ergebniffe der Weltgefchichte anzuerkennen.

4. Eine ihrer selbst bewußte Nation, welche auch einen po=
litischen Beruf in sich fühlt, hat das natürliche Bedürfniß, in
einem Staate zu wirksamer Offenbarung ihres Wesens zu ge=
langen. Hat sie auch die Kraft dazu, diesen Trieb zu befriedigen,
so hat sie zugleich ein natürliches Recht zur Staatenbildung.
Dem höchsten Recht der ganzen Nation auf ihre Existenz
und Entwicklung gegenüber sind alle Rechte einzelner Glie=
der der Nation oder ihrer Fürsten nur von untergeordneter Be=
deutung. Die Bestimmung der Menschheit ist nicht zu erfüllen,
wenn nicht die Nationen, aus denen dieselbe besteht, im Stande
sind, ihre Lebensaufgabe zu vollbringen. Die Nationen müssen
nach Graf Bismarcks Ausdruck athmen und ihre Glieder bewe=
gen können, damit sie leben. Darauf beruht das heilige Recht
der Nationen, sich zu gestalten und Organe zu bilden, in denen
sich ihr Leben entwickeln kann; ein Recht, das heiliger ist als alle
andern Rechte, das Eine, der Menschheit selber, ausgenommen,
das alle übrigen begründet und zusammen faßt.

Aber ein nationaler Staat kann entstehen und dauern,
wenn gleich nicht die ganze Nation in denselben aufgenom=
men wird. Die nationale Staatenbildung erfordert nur die Er=
füllung mit einem so großen und so starken Theil der Na=
tion, daß derselbe die Kraft hat, ihren Charakter und ihren
Geist in dem Staate ganz und voll zur Geltung zu bringen.
Die französische Nation hat schon seit langem in Frankreich einen
nationalen Staat erhalten, mächtig genug, ihre nationale Eigen=
art zu schützen und zu vertreten, wenn gleich einzelne Theile der
französischen Nation in Belgien und in der Schweiz andere
Staaten gebildet haben. Es ist daher eine übertriebene For=
derung des Nationalitätsprincips, daß der nationale Staat so
weit ausgedehnt werde, als die nationale Sprache reicht. Die
Consequenz würde dahin treiben, die Staatsgrenzen ebenso beweg=

lich zu machen, wie die Sprachgrenzen, was mit der Festigkeit der Staatsperson und der allgemeinen Rechtssicherheit unverträglich ist.

5. Die Nationalität wirkt doch mehr auf die Politik eines Staates, als auf sein Recht. Die Staatsverfassung und das Staatsrecht haben nur theilweise eine nationale Form und Farbe. In höherm Grade sind sie durch menschliche Rechtsprincipien geordnet, nach allgemeinen Bedürfnissen bestimmt, durch Rücksichten der Zweckmäßigkeit geleitet. Deßhalb sehen sich die Einrichtungen der verschiedenen Völker doch trotz des Unterschiedes der Nationen, welche jene bilden, so sehr ähnlich. Deßhalb bekommt die Rechtsbildung der höheren Civilisationsstufen einen gemeinschaftlichen, eher menschlichen als nationalen Ausdruck. Deßhalb ist auch die höchste Staatsidee menschlich.

Die Entwicklung der Menschheit setzt nicht bloß die freie Offenbarung und den Wettkampf der Nationen als Grundbedingung voraus, sondern sie verlangt hinwieder die Verbindung der Nationen zu der höheren Einheit. Die nationalen Staaten erhalten durch die Bruchstücke von fremden Nationen, die sie aufnehmen, eine Ergänzung ihrer nationalen Beschränktheit, und diese fremden Bruchstücke können auch als Vermittlungsglieder dienen, welche den Zusammenhang mit der Cultur anderer Nationen herstellen und wirksam erhalten. Zuweilen wird diese Verbindung einzelner Bruchtheile einer fremden Nationalität mit einem stärkeren nationalen Volksstamm ebenso wohlthätig und förderlich für das Staatsleben, wie die Legirung der Edelmetalle mit Kupfer sie erst für die Verkehrsmünzen brauchbar macht.

Die höchste Staatenbildung beschränkt sich daher nicht auf Eine Nation, wenngleich sie sich vorzugsweise auf Eine stützt. Diese Stütze sichert ihre Einheit, die Verbindung mit Theilen frember Nationen gewährleistet ihre Vielseitigkeit, sie bereichert ihr inneres Leben und erhöht ihre Lebensaufgabe. Niemals darf daher über dem nationalen Princip das höhere humane vergessen werden. Nur innerhalb des humanen hat das nationale Wahrheit und Berechtigung.

4. Die deutsche Nation und der deutsche Staat.

Keiner andern Nation in Europa ist es so schwer geworden, einen nationalen Staat zu gründen, wie der deutschen. Aber auch in der deutschen Nation ist das Verlangen nach dem deutschen Staate endlich so stark geworden, daß es nicht länger überhört werden konnte und die neueste Umgestaltung Deutschlands zur Folge hatte.

Vor nicht sehr langer Zeit war die Meinung, die deutsche Nation habe ihren weltgeschichtlichen Beruf nur in dem Bereiche der Geistescultur, und nicht in der Politik zu suchen, nicht nur bei fremden Völkern sehr verbreitet. In der Nation selbst war der Glaube an ihren politischen Beruf fast erloschen. Deutsche Geistesfürsten wie Lessing und Goethe hatten daran verzweifelt. In dem deutschen Bunde von 1815 hatten die deutschen Landes=fürsten ihre Souveränetät mit bestimmter Absicht der deutschen Einigung als ein unübersteigliches Hinderniß entgegengesetzt und während eines Menschenalters galt seitdem die nationale Gesin=nung als verdächtig und das Streben nach einem nationa=len Staate als ein strafwürdiges Verbrechen. Die Privattugen=den der Deutschen wurden wohl allgemein geschätzt. Man rühmte die Ehrbarkeit des deutschen Familienlebens und der Sitten, den Fleiß der Arbeiter, die Redlichkeit im Geschäftsverkehr. Man wußte auch die Körperkraft der deutschen Bevölkerung wohl zu werthen und ihre Hingebung zu benutzen, man fand in dem deutschen Bauernstande einen unerschöpflichen Vorrath für die Rekrutirung der Heere und für die Anstellung von Lohndienern. Die deutsche Reformation des sechszehnten Jahrhunderts hatte der Welt die Kraft des deutschen Gewissens und den Helden=muth der deutschen Ueberzeugung geoffenbart, die deutschen Re=formatoren hatten Europa befreit von der römischen Knechtung der Geister. Die deutsche Literatur des achtzehnten Jahrhun=derts hatte durch ihren Reichthum an Gedanken und Empfin=dungen, durch den Adel und die Mannigfaltigkeit ihrer Formen und durch ihren humanen Charakter die Bewunderung aller ge=bildeten Nationen auf sich gezogen. Die deutsche Wissenschaft endlich der neueren Zeit hatte die höchsten Ehren erworben. Aber so hoch diese und andere Verdienste der deutschen Nation geprie=sen wurden, ihre politischen Zustände wurden ebenso allgemein gering geschätzt. Die Vorstellung, daß die Deutschen berufen seien, die Welt mit den Schätzen ihres Geistes zu bereichern, als Lehrer zu wirken und Cultur zu verbreiten, aber unfähig, ein würdiges Staatswesen zu bilden, war sehr verbreitet. Die Deutschen, sagte man, mögen vortreffliche Menschen sein, aber sie sind schlechte Politiker. Die Machthaber in Europa betrach=teten Deutschland als ein widerspruchsvolles aus dem Mittelalter überliefertes Gefüge von schwachen Ländern, das nur noch eine passive Bedeutung in Europa habe und bestimmt sei, von An=dern beherrscht, je nach Umständen auch als Entschädigungsma=terial verwendet und vertheilt zu werden.

Wer unbefangen das deutsche Naturel und die deutsche Ge=schichte untersuchte, dem konnten die ungeheuren Schwierigkeiten nicht verborgen bleiben, welche die deutsche Nation in ihrer Na=turanlage und in den äußern Verhältnissen zu überwinden hat, um den deutschen Staat hervorzubringen und dadurch ihre poli=tische Mission zu vollziehen.

Von Anfang an, seitdem die deutsche Geschichte beginnt, zeigt es sich, daß der Staatssinn und der Staatstrieb bei den Deutschen weniger stark und weniger entwickelt ist, als die Kraft der individuellen Eigenart und die Liebe der persönlichen Freiheit. Im schärfsten Widerspruche gegen den absoluten Cäsarenstaat, der von Rom aus alle Nationen beherrschte und unterdrückte, waren sie in eine große Anzahl von freien Volksstämmen gespalten, ohne ein gemeinsames Centrum, ohne durchgreifende Staatsgewalt, voll eigenwilligen Trotzes, ungeneigt zur Unterordnung unter das Ganze. Nicht einmal den Römern gegenüber hielten sie zusammen. Deutsche Fürsten waren Bundesgenossen der Römer wider ihr Vaterland, deutsche Söldnerschaaren kämpften in den römischen Heeren wider ihre Landsleute. Wenn sie sich einem höheren Herrn unterordneten, so thaten sie es am liebsten in jener Form des persönlichen Treuverbandes und der freiwilligen Hingebung an einen tapfern Gefolgsherrn. Dann aber hielten sie die Treue gegen den Fürsten für heiliger noch als die Treue gegen das Vaterland.

Nur wo germanische Fürsten romanische Provincialen zu Unterthanen und Räthen erwarben, gelang ihnen eine größere Staatenbildung. Die große Masse der deutschen Stämme aber ist erst durch das fränkische Königthum und nur in Folge der Verbindung mit der romanischen Bevölkerung, nur mit Hülfe der römischen Staatstradition zu Einem Reiche verbunden und gleichsam zum Staate erzogen worden.

Als sich die Deutschen von den Franzosen trennten und ein besonderes deutsches Königreich bildeten, entstand zuerst ein deutscher Staat. Das heilige römische Reich deutscher Nation war wirklich ein nationaler deutscher Staat, wie er dem Mittelalter entsprach. Die ganze vielgliedrige Gestalt des Reichs mit dem gewählten deutschen Könige als Haupt, den gewählten geistlichen

und den erblichen weltlichen Fürsten, die sich immer mehr der
Landesherrschaft in ihren Gebieten bemächtigten, mit den freien
Reichsstädten und den bischöflichen und landesherrlichen Städten,
mit den zahlreichen Abteien und ritterschaftlichen Grundherrschaf=
ten, mit seinen Reichstagen und Landtagen, mit dem Vasallen=
heer und den Reichs= und Hofgerichten, hatte einen durchaus
deutschen Ausdruck. Unter den europäischen Staaten behauptete
das deutsche Reich während des Mittelalters den höchsten Rang.
Die deutschen Könige erwarben zugleich die römische Kaiserkrone.
Damit übernahmen die Deutschen auch eine universelle Auf=
gabe für die Welt. Es gereicht ihnen das zur Ehre, wenngleich
sie diese hohe Aufgabe nicht erfüllen konnten. Die Einheit des
Staates war zu schwach, die Regierungsgewalt zu wenig ausge=
bildet, die innere Spaltung und Zerklüftung zu groß. Zwar
retteten die Deutschen nochmals die europäische Welt vor der rö=
mischen Weltherrschaft, dießmal vor der despotischen Universal=
monarchie der Päpste. Aber es geschah das nur mit dem Opfer
des deutschen Königsthums und des deutschen Staats.

Das deutsche König= und Kaiserthum konnte sich nicht mehr
erholen von den schweren Wunden, die es in dem großen an=
dauernden Weltkampfe mit dem Papstthum erlitten hatte. Auch
in diesem Kampfe hatte die deutsche Nation nicht einig zusammen
gehalten. Ein großer Theil der deutschen Fürsten, eifersüchtig
auf die nähere Macht des Königs, und Willens seine Rechte sich
anzueignen, hatte das Reichshaupt in der Gefahr verlassen und
sich mit dem römischen Papste verbündet. Nach dem Untergang
der Hohenstaufen ging das deutsche Reich unaufhaltsam und un=
abwendbar der allmählichen Auflösung zu. Das Leben der Na=
tion wendete sich von dem Ganzen ab und den Theilen zu. Der
particularistische Trieb der Absonderung der Theile erwies sich
wieder stärker als der Staatssinn der Deutschen. Die Dynastien

und die geistlichen Fürsten theilten sich in die königliche Verlassen=
schaft als eine willkommene Beute. Die Länder und die Städte
nahmen eine Sonderstellung ein auf Kosten der Reichseinheit.
Aber die unverwüstliche Lebenskraft der deutschen Nation ging
doch nicht unter mit dem hinsiechenden und absterbenden Reichs=
körper, sondern erfüllte die Territorialstaaten mit frischem Wachs=
thum. Es war allerdings ein Rückfall der deutschen Nation in
ihre ursprüngliche Zerklüftung. Nur waren es nicht mehr die
alten Stammesstaaten, sondern neue Landesherrschaften, in welche
sie zerfiel.

Auch der erneuerte Weltkampf der deutschen Reforma=
tion mit der römischen Kirche vermochte die deutsche Nation
nicht wieder zu einigen. Eine Zeit lang schien es zwar, daß die
aus der Tiefe des deutschen Gemüths und Gewissens emporquel=
lende Befreiung der Geister von der Autorität der römischen
Kirche die ganze deutsche Nation ergreifen und begeistern werde.
Aber die Strömung brach an dem mächtigen Widerstand des Kai=
sers aus dem Spanisch=Habsburgischen Hause und anderer deut=
scher Fürsten. Die Reformation wirkte befreiend für die Staa=
ten, für die Wissenschaft, für das Geistesleben der Individuen,
aber diese Güter wurden vorerst doch nur auf Kosten der deut=
schen Weltmacht errungen. Die nächste Folge war der heftigste
Zwiespalt zwischen den protestantischen und den katholi=
schen Ständen, der zuletzt zu dem unglückseligen dreißigjährigen
Kriege führte, in dem die Reichseinheit vollends gebrochen und
mit dem Wohlstand der Nation auch ihre politische Macht und
ihr Vertrauen auf sich selbst bis auf den Grund erschüttert ward.
Nach dem Westphälischen Frieden hatte das altersschwache, aus
tausend Wunden blutende römische Reich deutscher Nation nur
noch eine Scheinexistenz. Ohne innere Widerstandskraft brach
es nach den ersten Stößen der französischen Revolutionskriege

aus einander. Man bemerkte es kaum in der Welt, als es zu Anfang unsers Jahrhunderts durch Napoleon I. aufgelöst wurde und der österreichische Kaiser Franz II. die deutsch-römische Krone niederlegte.

Der deutsche Staat des Mittelalters war nun todt und be= graben. Aber die deutsche Nation überlebte seinen Untergang und erholte sich allmählich wieder von den schweren Schlägen des Schicksals. Sie fing an, sich an ihre frühere Größe und Herr= lichkeit zu erinnern und sich zu schämen über die unwürdige Zer= rissenheit und Ohnmacht, in welche sie gerathen war. Der Auf= schwung der deutschen Literatur seit der Mitte des achtzehnten Jahrhunderts und die Arbeiten der deutschen Wissenschaft hatten ihren geistigen Stolz wieder aufgerichtet.

Ohne viel Widerstand hatte sich der größte Theil von Deutsch= land, fast alle deutschen Staaten außer Preußen und Oesterreich der Napoleonischen Oberherrlichkeit gefügt. Nun aber wirkte der große Befreiungskampf, in dem die Preußen vorangingen, doch belebend auf die ganze deutsche Nation, erhob ihr Selbstgefühl und stachelte ihren Muth. An der Gluth der Reden Fichtes, durch die Schriften von Arndt und Görres, durch die Lieder von Rückert und Körner wurde das erstarrte Nationalgefühl wieder warm gemacht und eine vaterländische Begeisterung regte sich wieder. Neue Hoffnung wurde wach.

Wir verstehen es, wenn nun viele jugendlich edle Gemüther der alten Herrlichkeit wieder gedachten, des mittelalterlichen Kaiser= reiches und für die Erneuerung desselben schwärmten. Der go= thische Dom mit seinen Säulenschäften und Spitzbogen, mit seinen unzähligen Spitzen und Rosetten, mit seinem farbigen Dämmerlicht und den vielen heimlichen Schlupfwinkeln und Schaukeln für träumerische Gefühle und Phantasiebilder war das

Vorbild des Staatsideals, welches die romantische Schule als die Sehnsucht des deutschen Gemüthes verherrlichte.

Aber die nüchterne, kalte und harte Wirklichkeit duldet den romantischen Ueberschwang nicht. Die deutsche Nation besteht nicht mehr aus den mittelalterlichen Ständen und hat den mittel= alterlichen Glauben nicht mehr. Sie ist eine völlig andere ge= worden, in Bildung und Gedanken, in Arbeit und Bedürfnissen. Ihre Aufgaben sind von denen des Mittelalters grundverschieden. Soll es ihr gelingen, wieder zum Staate zu werden, so muß daher der erneuerte deutsche Staat den modernen Charakter haben. Das mittelalterliche Reich gehört der Vergangenheit an und ist nicht wieder zu erwecken.

Die Bildung des Preußischen Staats ist gerade deßhalb so entscheidend geworden für die Gründung des modernen deut= schen Staats, weil jener keine Fortsetzung des mittelalterlichen Reiches, sondern im Gegensatze zu allen mittelalterlichen Autori= täten und Institutionen auf moderner Grundlage und nach mo= dernen Ideen gebildet und groß geworden war.

Der Staat Preußen war völlig frei von der Herrschaft der römischen Hierarchie, der das Habsburgische Kaiserhaus so will= fährig gedient hatte. Er war von dem Geiste des Protestantis= mus gehoben und von dem Geiste der modernen Philosophie erleuchtet. Es war von folgenreicher Bedeutung, daß das Haus der Hohenzollern der reformirten Kirche zugethan war und großentheils eine lutherische Bevölkerung zu Unterthanen hatte, dann bald auch katholische Länder erwarb. Die Fürsten dieses Hauses wurden so durch ihre Lebensstellung darauf hingewiesen, verschiedene Confessionen in Frieden und Eintracht neben und unter einander zu erhalten. Es war ein Segen für Preußen, daß sein größter König auch ein freier Denker war, und indem er selbst über alle kirchliche Beschränktheit philosophisch und po=

litisch erhaben war, auch die religiöse Bekenntnißfreiheit zum
Preußischen Landesgesetz erhob.

Ebenso modern war der Preußische Staatsgeist und die
Preußische Staatsidee. Erst nöthigten die Preußischen Fürsten
mit eiserner Härte den trotzigen Adel zur Unterordnung unter
den Staat. Es wäre ihnen das vielleicht nicht gelungen, wenn
sie nur über Germanische Stämme geherrscht hätten. Die Mischung
der männlich-deutschen Volkselemente mit weiblich-slavischen Stämmen, die eher der obrigkeitlichen Autorität rücksichtslos gehorchten,
kam der Bildung des Preußischen Staates vortrefflich zu Statten.
Mit militärischer Zucht und militärischer Gewalt wurden Alle
genöthigt, sich der gemeinsamen Staatspflicht zu unterwerfen.
Weder hoher Rang noch vornehme Geburt schützten vor dem
strengen Walten der Staatsnothwendigkeit. Herkömmliche Privilegien und ständische Vorrechte wurden zerbrochen und ins
Feuer geworfen wie dürres Reis; aber eine gleichmäßige bürger-
liche Freiheit breitete sich zugleich aus als gemeines Landesrecht.
Das Fürstenthum war absolut, in Preußen wie anderwärts, aber
es war staatenbildender als irgend ein anderes in Europa.

Als Friedrich der Große seine Staatsidee in das frucht-
bare Wort zusammenfaßte: „Der Fürst ist der erste Diener
des Staats", war er sich vollkommen bewußt, daß er damit
ein modernes Staatsprincip verkünde im entschiedensten
Gegensatz zu dem überlieferten Staatensysteme des Mittelalters,
mit seinen göttlichen Herrscherrechten. Die Pflicht eines Jeden im Staate, des Höchsten wie des Niedrigsten, diese allge-
meine Pflicht des Einzelnen gegen das Ganze, den Staat, das
war der neue echt-moderne Grundgedanke des ganzen Preußischen
Staats. Dieser Pflichtübung ist das mächtige Wachsthum des
Preußischen Staates in den deutschen hinein vornehmlich zu
verdanken.

Die stramme militärische Bildung des Preußischen Volkes, die arbeitsame und ehrenhafte Verwaltung, die unbeugsame Justiz verdanken diesem Pflichtgefühl vorzüglich ihren kräftigen und nach=haltigen Impuls. Die Preußischen Könige selbst können sich niemals diesem Gedanken entschlagen, daß auch sie ihr Leben dem Dienste des Staates zu widmen haben.

Etwas mehr als ein Jahrhundert lang schwankte die deutsche Nation in ihren Gefühlen und in ihrem Urtheil zwischen ihrer hergebrachten Verehrung für das alte österreichische Kaiserhaus und dem Respect, den ihr das aufstrebende neue Königthum abnöthigte. Alle mittelalterlichen Gewohnheiten, particulären Neigungen und dynastischen Sorgen hielten sie an Oesterreich fest, alle modernen Triebe und das nationale Streben wiesen nach dem nordischen Staate hin.

Die große deutsche Revolution des Jahres 1866, welche in Form des Krieges zwischen Preußen und Oesterreich und be=ziehungsweise Preußen und den deutschen Südstaaten vollzogen wurde, machte diesem Schwanken ein Ende, und stellte im Ge=gensatz zu dem verderblichen Dualismus die Einheit für Deutsch=land insofern her, als es von da an nur Eine, und nun eine wahrhafte deutsche Großmacht gab, den Preußischen Staat, mit seiner Erweiterung zum Norddeutschen Bunde und mit seiner wirthschaftlichen Ausbreitung auf den deutschen Zollverein.

Auf diese Neugestaltung von Deutschland hat die nationale Idee unzweifelhaft eine starke Einwirkung ausgeübt. Preußen rechtfertigte sein Vorgehen und seine Einverleibung einer Anzahl deutscher Länder mit seinem deutschen Beruf. Der größere Theil der deutschen Nation billigte eben deßhalb die gewaltsame Aen=derung. Ganz Norddeutschland wirkte mit Preußen zusammen zu der Gründung des Norddeutschen Bundes, der von den sämmtlichen Staaten der Welt als neue deutsche Großmacht anerkannt ward, auch von denen, welche nur ungern und nicht ohne Beklemmungen diese Wandlung betrachteten. Unmöglich läßt sich darin das Wachsthum des nationalen deutschen Staa= tes verkennen. Aber es fehlt doch noch viel zu seiner vollen Ge= staltung. Der Preußische Staat, der die Umbildung leitet, ist zwar ein moderner und ein deutscher, aber er ist noch nicht im vollen Sinne des Wortes der nationale deutsche Staat. Das Preußische Volk ist zwar ein großes deutsches Volk, aber trotz seiner Vorzüge und seiner Ausdehnung im Norden doch noch nicht gleichbedeutend mit dem deutschen Volke. Auch in dem Preußischen Volke und in dem Preußischen Staate gibt es einen particularistischen Zug, den der deutsche Staat nicht als eben= bürtig anerkennt, dem er sich unmöglich unterordnen kann. Es sind noch Mängel darin, die einer Ergänzung aus andern deut= schen Ländern und Stämmen bedürfen.

Schon der alte Historiker Sebastian Frank hat in den Ta= gen Luthers das Wort geschrieben: „Wo die Deutschen ihren eignen Reichthum wüßten und sich selbst verstünden, was sie im Wappen führen, sie würden keinem Volke weichen." Gerade in diesem noch nicht erkannten und noch nicht erschöpften Reichthum des deutschen Wesens liegt die unermeßliche Schwierigkeit der deutschen Staatenbildung. Eben um dieser Fülle von Kräften willen, welche in dem Geiste und Gemüthe der deutschen Nation zum Theil noch gebunden und unentwickelt ruhen, zum Theil in wilden Trieben überschießen oder streitlustig einander bekämpfen, ist das Ideal des modernen deutschen Staates oder Reiches größer und reicher, als die Wirklichkeit des Preußischen und des nord= deutschen Staates. Die Herstellung und Ausbildung eines straffen Militärstaats und zugleich die strenge Zucht eines königlichen Beamtenthums, waren wohl nothwendige Vorbedingungen, um zunächst die Unabhängigkeit der nordischen Macht zu sichern, dann ihre Ausbreitung zu fördern und die Deutschen zum modernen Staate zu erziehen. Aber diese Eigenschaften vermögen doch nicht, die deutsche Nation auf die Dauer zu befriedigen. Die Preußische Schule ist heute noch unentbehrlich, aber erst wenn die Nation durch diese Schule hindurch gegangen ist, beginnt für sie das volle Leben in ursprünglicher Naturkraft. Die deutsche Nation wird erst dann sich selbst in dem deutschen Staate erkennen, wenn auch die süddeutsche Weise darin Platz gefunden hat und sich frei bewegen kann, das süddeutsche Naturel mit seiner Naturfrische und Originalität, mit seiner Sinnenlust und seinem Gedankenschwung, mit seiner Poesie und seinem Gemüthsleben.

Der alte weltgeschichtliche Beruf der Germanen, die von Rom beherrschte Welt wieder mit persönlicher Freiheit zu erfüllen und den natürlichen Rechten der Völker und der Individuen wieder Achtung zu verschaffen, ist noch nicht erfüllt. Er stellt seine Aufgabe auch dem modernen deutschen Staat. Nur theilweise haben die andern großen Nationen die moderne Staatsidee verwirklicht. Es ist der Arbeit der deutschen Nation doch noch Manches vorbehalten, was jene nicht geleistet haben.

In der richtigen Verbindung der Gegensätze zu organischer Einheit liegen die höchsten Probleme des öffentlichen Lebens, wie überhaupt alles Leben sich in Gegensätzen bewegt. Nun gehört es unzweifelhaft zu der eigenthümlichen Natur und Geschichte der deutschen Nation, daß die politisch wichtigen Gegensätze in ihr in ganz besonderer Stärke vorhanden sind und gerade darum ihre Verbindung zur Einheit so ungewöhnlich schwer ist, aber auch, wenn sie gelingt, um so fruchtbarer wird. Noch ist das richtige Verhältniß von Staat und Kirche nicht hergestellt. Die deutsche Nation wird durch ihre confessionelle

Spaltung genöthigt, für den Staat eine neutrale Stellung außer=
halb des kirchlichen Gegensatzes zu behaupten, von welcher aus
sie den confessionellen Frieden sichert. Sie wird ferner durch ihr
innerliches Gemüthsleben dazu getrieben, das religiöse Gewissen
zu achten und durch ihre in der Wissenschaft bewährte freie Denk=
arbeit gemahnt, jede Geistesfreiheit voll und ganz zu wahren.
Indem sie in der Kirche etwas Höheres sieht, als eine bloße
vorübergehende Gesellschaft, und ihr gerne Freiheit gewährt, kann
sie doch weder die Freiheit und Würde des Staats, noch auch
die Freiheit und Ehre der Individuen den hierarchischen Gelüsten
Preis geben. Sie muß in moderner Form den alten Streit zwi=
schen der römischen Hierarchie und der deutschen Freiheit zum Ab=
schluß bringen.

Aber auch innerhalb des staatlichen Lebens hat sie die stärk=
sten Gegensätze zu überwinden. Zwar ist der Dualismus von
Oesterreich und Preußen durch einen scharfen Schnitt beseitigt
oder doch zurück gedrängt, aber der Dualismus von Nord und
Süd ist noch nicht befriedigt, so wenig als der zwischen natio=
nalem Volksstaat und particulärem Dynastenstaat.

Der moderne Staat hat in England die Form einer parla=
mentarischen und aristokratischen Cabinetsregierung angenommen,
ist in Frankreich in ein Schwanken gerathen zwischen Napoleoni=
scher Autokratie und demokratischer Absolutie. In Amerika hat
er die neue Staatsform der repräsentativen Demokratie hervor=
gebracht. Alle diese bisherigen modernen Staatsformen sind in
wesentlichen Beziehungen unübertragbar auf Deutschland, wenn
gleich die deutsche Nation von Engländern, Franzosen und Ameri=
kanern Manches gelernt hat und noch lernen kann. Sie wird
durch ihre Natur genöthigt, sich ein eigenes Staatsideal zu
schaffen und an dessen Verwirklichung zu arbeiten. Das preu=
ßische Königthum, welches die Mission hat, sich zum deut=

chen König= oder Kaiserthum zu erweitern und zu erhöhen, ist
eine mächtigere Potenz in dem nordischen Staat als das englische
Königthum und doch hinwieder nicht so absolut und gefestigt
als das französische Imperatorenthum. Indem es sich selbst
voraus als Staatsdienst bekennt und demgemäß handelt, erhebt
es zugleich den Anspruch Staatsmajestät und personifi=
cirte Staatsgewalt zu sein. Die deutsche Nation will auch
nicht einen bloßen obrigkeitlichen Königsstaat haben, ihr Königs=
staat soll voraus Volksstaat sein. Auch die deutsche Volks=
kraft fühlt sich in unbezwinglicher Stärke. In keinem andern
modernen Staate sind die beiden Mächte, Königsmacht und
Volksmacht zugleich so stark und so enge mit einander verbun=
den, wie dieß voraus in dem Preußischen Staate sich zeigt. In
den andern Staaten tritt bald die eine, bald die andere politische
Potenz ganz entscheidend hervor, in Deutschland ringen sie be=
ständig mit einander und ergänzen hinwieder einander. Aehn=
lich wie in Frankreich und in Amerika sind in Deutschland die
gebildeten Mittelclassen von größtem Gewicht und die aristokra=
tischen Classen haben lange nicht das Ansehen und die Autorität
der englischen Aristokratie. Aber im Gegensatze zu Amerika gibt
es doch in Deutschland auch bedeutsame und einflußreiche aristo=
kratische Häuser; und im Unterschiede zu Frankreich sind die deut=
schen Bürger auch in der Gemeinde und in den Ehrenämtern
zu selbständiger Theilnahme an den öffentlichen Dingen geneigt
und darin geübt. Die deutsche Volksvertretung kann und will
nicht regieren, wie die englischen Parlamentsparteien. Sie be=
schränkt sich williger auf die gesetzgeberische Thätigkeit und zieht
eine wirksame Controle der Uebernahme der Staatsverwaltung
vor. Aber sie ist verwandt mit dem gebildeten Beamtenstande,
der in Deutschland ebenso mächtig ist, als die Gentry in England

und weniger abhängig von der Centralgewalt als die französische
Beamtung.

Alle diese Dinge geben dem deutschen Staate in Verbin=
dung mit der deutschen Schulbildung und der eigenthümlichen
deutschen Heeresverfassung ein durchaus eigenartiges Gepräge, in
welchem die nationalen Charakterzüge unverkennbar sind. Aber
zu der vollen Durchbildung dieses Nationalcharakters ist es noch
nicht gekommen.

Eben so wenig ist der politisch=wichtige Gegensatz der Cen=
tralisation und der Decentralisation bereits zu einer be=
friedigenden Ausgleichung gelangt. Auch da wird die deutsche
Nation durch ihre Natur und ihre Geschichte zu einer neuen
Lösung genöthigt. Sie muß mit der staatlichen Einheit des
Ganzen die Freiheit der Glieder zu verbinden suchen. Sie
kann sich erst dann wohl fühlen, wenn der Staatsautorität in
Gesetzgebung, Regierung und Justiz Einheit gesichert ist, und
zugleich den einzelnen Ländern und Provinzen eine relative Selb=
ständigkeit und Eigenthümlichkeit verstattet wird. Auch der
deutsche Staat kann nicht gedeihen ohne Einheit, aber die deutsche
Nation verlangt zugleich für die freie Mannigfaltigkeit ihres Cul=
turlebens im Gegensatze zu gefährlicher und despotischer Unifor=
mirung Anerkennung und Schutz des Staates.

Wir sehen, es sind dem deutschen Volke große eigene Auf=
gaben gestellt, die kein anderer Staat in derselben Weise erfüllen
konnte. Der deutsche Staat darf daher nicht als eine bloße
Copie irgend eines andern Staates gedacht werden. Die deutsche
Originalität muß sich auch im Staate bewahren.

Wir haben auch nicht bloß innere Staatsaufgaben. Es ist
eine Charakter= und Geisteseigenschaft der Deutschen, daß sie nie
ausschließlich an sich denken und nicht bloß für sich arbeiten.
So entschieden wir jene sentimentale Verirrung tadeln, welche

das eigene Vaterland aus schwärmerischer Hingebung für fremde Autoritäten oder Zwecke Preis gibt, so hoch schätzen wir die der Menschheit zugewendete Polarrichtung des deutschen Wesens. Die Fähigkeit des Deutschen, sich in verschiedene Nationalitäten hinein zu denken, ihre Werke zu verstehen und nachzubilden, hat unsere Literatur und Wissenschaft aufs reichste befruchtet. Gerade deßhalb ist unsere nationale Literatur und Wissenschaft in ihren besten Werken zur Weltliteratur und Weltwissenschaft geworden. Dieser Zug darf auch in der deutschen Politik nicht unterdrückt werden; er wird richtig geleitet auch da zu den herrlichsten Thaten begeistern und die edelsten Früchte bringen. Nicht die Unter= drückung und Beherrschung fremder Völker, nicht einmal ihre Ausbeutung und nicht ihre Bevormundung oder Mißachtung entspricht der deutschen Denkweise. Die Bestimmung des deut= schen Volkes ist im Gegentheil die höhere, den fremden Völkern gerecht zu werden, indem sie jedes Volk nach seiner Natur er= kennt und achtet. Der Völkerfriede und die Völkerfreiheit, die ungehemmte Entfaltung der Humanität, die Verbindung Aller zur Menschheit, das sind die leuchtenden Ideen, welche das deutsche Volk liebt und verehrt, für die es mit seiner Macht einzustehen bereit ist.

So schreitet langsam unter Leiden und Kämpfen, aber auch unaufhaltsam getragen von den gegenwärtigen und den künftigen Geschlechtern das jugendfrische Leben des nationalen deutschen Staates vorwärts, voll tiefen Ernstes, reichen Inhalts, in ma= jestätischer Hoheit, die Sehnsucht unserer Jugend und die Zu= versicht unsers Alters.

Anmerkungen.

1) Zu Seite 7. Fr. Lieber, On nationalism and inter-nationalism. New-York 1868: The national polity is the normal type of Modern Government.

2) Zu Seite 8. Jameson, Constitutional Convention. New-York, 1867. S. 33: Nations do not spring in the life, in full bloom of population, wealth and culture. They are developed from rude beginnings, by a process of assimilation and growth analogous to that in organic life.

3) Zu Seite 16. Nach einer brieflichen Mittheilung von Fr. Lieber.